# BEI GRIN MACHT SICH IHR
# WISSEN BEZAHLT

- Wir veröffentlichen Ihre Hausarbeit,
  Bachelor- und Masterarbeit

- Ihr eigenes eBook und Buch -
  weltweit in allen wichtigen Shops

- Verdienen Sie an jedem Verkauf

## Jetzt bei www.GRIN.com hochladen
## und kostenlos publizieren

Klaudia Buczek

# Tschechoslowakischer Weg zur Entstalinisierung

GRIN Verlag

**Bibliografische Information der Deutschen Nationalbibliothek:**

Die Deutsche Bibliothek verzeichnet diese Publikation in der Deutschen National-
bibliografie; detaillierte bibliografische Daten sind im Internet über http://dnb.d-
nb.de/ abrufbar.

**Impressum:**

Copyright © 2010 GRIN Verlag, Open Publishing GmbH
Druck und Bindung: Books on Demand GmbH, Norderstedt Germany
ISBN: 978-3-656-18097-5

**Dieses Buch bei GRIN:**

http://www.grin.com/de/e-book/193045/tschechoslowakischer-weg-zur-entstalini-
sierung

**GRIN - Your knowledge has value**

Der GRIN Verlag publiziert seit 1998 wissenschaftliche Arbeiten von Studenten, Hochschullehrern und anderen Akademikern als eBook und gedrucktes Buch. Die Verlagswebsite www.grin.com ist die ideale Plattform zur Veröffentlichung von Hausarbeiten, Abschlussarbeiten, wissenschaftlichen Aufsätzen, Dissertationen und Fachbüchern.

**Besuchen Sie uns im Internet:**

http://www.grin.com/

http://www.facebook.com/grincom

http://www.twitter.com/grin_com

Bottrop, den 15.08.2010

# Seminararbeit:
## Tschechoslowakischer Weg zur Entstalinisierung.

LS für Osteuropäische Geschichte
Ruhr-Universität Bochum
Übung zur speziellen Methoden und Theorien: G.H. Skilling und Osteuropa-Forschung in der 2. Hälfte des 20. Jh.

2. Fachsemester.

Verfasserin: Buczek Klaudia
Geschichte 2. Semester
Kath. Theologie 2. Semester

2

# Inhaltsverzeichnis                                           Seite

# Einleitung.

Der Prager Frühling ist einer der wohl bedeutendsten Ereignisse in der Geschichte des Ostblocks. In der Nacht vom 20. auf den 21. August 1968 marschierten Truppen der Warschauer Pakt-Staaten - der UdSSR, Polens, der DDR, Ungarns und Bulgariens - in die CSSR ein. Sie beendeten damit gewaltsam die Reformbewegung des tschechoslowakischen KP-Chefs Alexander Dubcek, der sich für einen „Sozialismus mit menschlichem Antlitz" eingesetzt hatte. Man kann den Prager Frühling nicht verstehen, ohne sich mit dem schleichenden Auflösungsprozess des sowjetischen Sozialismus zu beschäftigen. Mit diesem Prozess werde ich mich in meiner Hausarbeit beschäftigen.

Seit den 20er Jahren des 20. Jahrhunderts bis in die späten 60er Jahre prägten und beeinflussten machtpolitisch motivierte Konflikte zwischen dem importierten Stalinismus und der eigener politisch – gesellschaftlicher Tradition des Landes die politische Entwicklung der Tschechoslowakei. Diese Perioden des Friedens sowie des stalinistischen Terrors bestimmten gleichermaßen das Verhältnis zwischen den Kommunisten und der tschechoslowakischen Bevölkerung. Unter genauer Betrachtung der mir vorliegenden Aufsätze des amerikanischen Historikers Gordon Howard Skilling werde ich in der folgenden Arbeit genauer auf das politische Verhältnis jener Parteien eingehen. Wie ist das Verhältnis der Tschechoslowakei und der UdSSR in der Vor – und Nachkriegsperiode? Handelt es sich bei diesem Verhältnis um ein gemeinsames ‚friedlichen Leuchten' oder ein ‚kriegerischen Lodern'? Wieso hat sich der Stalinismus in der Tschechoslowakei so lange gehalten? Was waren die Schwierigkeiten der Entstalinisierung? Diese Fragen werde ich in dem ersten Teil meiner Hausarbeit klären. In dem zweiten Teil meiner Hausarbeit werde ich mich mit dem Dualismus der kommunistischen Partei in der Tschechoslowakei beschäftigen. Wo sind seine Wurzel, welche Rolle spielte der Dualismus bei der Entstalinisierung? War womöglich das tschechisch-slowakische Verhältnis einer der Auslöser des Prager Frühlings? Nachfolgend werde ich meine Hausarbeit mit einem resümierenden Fazit abschließen.

## Tschechoslowakischer Weg zur Entstalinisierung – Gründe für die lange Existenz des Stalinismus in der Tschechoslowakei und die starke Unterordnung dieser gegenüber der UdSSR.

Die Gründe für die lange Existenz des Stalinismus in der Tschechoslowakei, sowie ihre starke Unterordnung gegenüber der UdSSR sind vielfältig und haben zum Teil einen langen, historischen Hintergrund. Zunächst ist zu sagen, dass die Wurzeln des tschechischen Kommunismus (obwohl nicht des slowakischen Zweigs) viel tiefer als diejenigen seiner Nachbarn waren.[1] Angefangen bei einer stark sozialdemokratischen Bewegung in Böhmen vor 1914, und sich selbst in der Wahlkraft des tschechischen Kommunismus zwischen den Weltkriegen ausdrückend.[2] In der Tat war zu diesen Zeiten der tschechische Kommunismus im Stande, sich mit starken Strömen der öffentlichen Meinung identifizieren zu können und beschaffte sich somit ihre Unterstützung.[3] Die Sowjetunion wurde als eine freundliche, slawische Kraft bezeichnet und der Kommunismus selbst als eine progressive, soziale Kraft angesehen und ermöglichte somit eine Politik der Kollaboration mit der UdSSR als ein zuverlässiger Verbündeter gegen die „deutsche Bedrohung".[4] Zudem war der tschechoslowakische Nationalismus milder und weniger fanatisch als der polnische oder ungarische, da er mit der historischen Feindschaft zu Russland seiner Nachbarn nicht verbunden gewesen war.[5] Russland wurde bereits im 18. Jahrhundert als der „große Bruder im Osten" bezeichnet. Und auch gab es; wie im Fall von Polen, keine negative sowjetische Erfahrung in der Tschechoslowakei, im Gegenteil. Der historische Feind war nicht Russland, sondern Deutschland allein gewesen, was die tschechoslowakische Zuwendung zu sowjetischer Seite erklärt. Allerdings muss man an dieser Stelle betonen, dass diese Verbindung mit der Sowjetunion im großen Maße eine Sache vom nationalen Interesse und nicht bloß eine Frage von kommunistischer - ideologischer Zuneigung war.[6] Nach 1945 galt die UdSSR als der große Befreier. Die sowjetischen Truppen, die z.B. in Polen stationiert wurden, um als eine tägliche Gedächtnishilfe der Auslandsüberlegenheit zu dienen und somit einen brennenden nationalen Hass erzeugen konnten, wurden in der Tschechoslowakei nicht stationiert.[7] Durch ein relativ hohen Lebensstandard, sowie ein gut erhaltenes ökonomisches System, war es den Kommunisten mit einer breiten Öffentlichen Einigkeit möglich, das kommunistische Muster in der Wirtschaft und Gesellschaft ohne äußere Zwänge, wie im Fall von Polen oder Ungarn, umzusetzen.[8] Die noch vorhandenen nationalen Traditionen wurden durch

---

[1] Stalin over Prague, in: Communism National and International, Toronto 1964, S.85.

[2] Stalin over Prague, in: Communism National and International, Toronto 1964, S.85.

[3] Stalin over Prague, in: Communism National and International, Toronto 1964, S.85.

[4] Stalin over Prague, in: Communism National and International, Toronto 1964, S.85-86.

[5] Stalin over Prague, in: Communism National and International, Toronto 1964, S.86.

[6] Stalin over Prague, in: Communism National and International, Toronto 1964, S.86.

[7] Stalin over Prague, in: Communism National and International, Toronto 1964, S.86.

[8] Stalin over Prague, in: Communism National and International, Toronto 1964, S.86-87.

die Stalinisation „überschwemmt". Letztendlich ermöglichten diese Faktoren der Tschechoslowakei einen leichteren Übergang zum Stalinismus, als anderswohin. Die Tschechoslowakei blieb in allen Perioden, ohne Ausnahmen, ein loyaler und ergebener Anhänger der KPSU.

## Schwierigkeiten der Entstalinisierung.

In der Tschechoslowakei gab es keine Bedingungen, die mit denjenigen Polens oder Ungarns vergleichbar waren und die das Land hätten in die Phase der Entstalinisierung führen können. Historisch bedingt war diese Tatsache, durch die Abwesenheit einer revolutionäre Tradition in der Tschechoslowakei, wie auch das Fehlen einer Feindschaft zu Russland und nicht zuletzt durch Erinnerung an den britischen und französischen Verrat 1938 sowie die Westuntätigkeit 1948. [9] Darüber hinaus verursachte die andauernde Vollständigkeit des stalinistischen Terrors eine Situation, so dass es keinen gab, der dazu fähig wäre die politische Führung nach einer Entstalinisierung übernehmen zu können bzw. zu wollen. [10] Es gab keine Führer, wie Tito oder Hoxha, die den unwillkommenen sowjetischen Druck widerstehen bzw. hätten Einheit gebieten können. [11] Des Weiteren gab es eine Solidarität des alten Kerns von Führern, unter denen es keinen Gomulka gab, der dazu fähig gewesen wäre, ein Bewegung für die Reform und nationale Unabhängigkeit anzuführen. Die Parteispitze war wegen der Ereignisse von 1953 und 1956 zu stark verunsichert, um ihre Abhängigkeit von der Sowjetunion zu ergreifen und entmutigte sich jeder unabhängigen Handlung. [12] In der Bevölkerung zeigte sich ebenfalls eine starke Handlungspassivität. Verstärkt wurde diese durch das Fehlen eines populären Drucks von Unten. [13] Allerdings kann man diese Teilnahmslosigkeit an politischem Geschehen, zumindest im Jahre 1953, auf eine verhältnismäßig befriedigende Wirtschaftslage zurückführen, so dass keine ernste Unruhen von Bauern und Arbeitern als Träger einer revolutionären Bewegung zu erwarten wären. [14] Unter den Intellektuellen wurde die Aufgabe das System neu einzuschätzen, nicht nur durch strenge Beschränkungen der freien Meinungsäußerung, wie auch durch den auferlegten Glauben an den Sozialismus und seine Verdienste, sowie Angst vor dem westlichen Imperialismus, eingeschränkt. [15] Die Spuren der Ideen von Masaryk und Benes, die einen tiefen Einfluss auf das Denken der Menschen hatten, wurden beseitigt. [16] Als dann 1960 eine neue Verfassung folgte, gab es keine wirklichen Änderungen sowohl in dem politischem als auch in den wirtschaftlichem Bereich. [17] Die

---

[9] The Dualism of Czechoslovak Communism: From Gottwald to Novotny, in: Czechoslovakias Interrupted Revolution, Princeton 1976, S.34.
[10] Stalin over Prague, in: Communism National and International, Toronto 1964, S.89-90.
[11] Stalin over Prague, in: Communism National and International, Toronto 1964, S.90.
[12] Stalin over Prague, in: Communism National and International, Toronto 1964, S.89-90.
[13] Stalin over Prague, in: Communism National and International, Toronto 1964, S.90.
[14] The Dualism of Czechoslovak Communism: From Gottwald to Novotny, in: Czechoslovakias Interrupted Revolution, Princeton 1976, S.34.
[15] Stalin over Prague, in: Communism National and International, Toronto 1964, S.91-92.
[16] Stalin over Prague, in: Communism National and International, Toronto 1964, S.91-92.
[17] Stalin over Prague, in: Communism National and International, Toronto 1964, S.92 ff.

neue Verfassung dokumentierte das Zu-Stande-Bringen des Sozialismus, bewirkte aber keine merkliche Modifizierung der Machtstruktur.[18] Es gab zwar viele Gespräche der Demokratisierung, aber die Rolle der nichtkommunistischen Parteien blieb unwichtig, und es gab keine echte Anstrengung diese anzuwerben.[19] Das stalinistische System hatte eine Atmosphäre der Angst geschaffen, die ein Wiederaufleben der Kritik und Diskussion deutlich verlangsamte.

## Probleme des Dualismus. Der Dualismus der tschechoslowakischen Partei in der Tschechoslowakei.

Der Dualismus wird als ein kritisches Element in dem sich wiedersprechenden und veränderlichen Muster des tschechoslowakischen Kommunismus bezüglich der Beziehung der UdSSR mit der KPSU angesehen.[20] Dieser löste vor allem in der Nachkriegszeit Konflikte zwischen dem importierten Stalinismus und der eigenen politisch - gesellschaftlichen Tradition des Landes.[21] Die kommunistische Partei unterstützte die tschechoslowakische Demokratie und ihre Unabhängigkeit, andersrum setzte sie beiden entgegen. Gleiches Verhalten lässt sich bei der Bevölkerung feststellen. Sie unterstützte in der Volksfrontperiode unter Gottwald und Smeral die Regierung, in anderen Zeiten wies sie diese zurück. Die Dualität zieht sich wie ein roter Faden in Laufe der Amtszeit von Gottwald und Novotny.

*Vorgeschichte:*

Der Dualismus geht auf die pluralistische Tradition in der tschechoslowakischen Arbeiterbewegung und wurde in der kommunistischen Partei fortgesetzt. Nach der Neuformierung Europas nach dem 1. Weltkrieg wurde auch die breite Arbeiterklasse in die Politik mit einbezogen. Es formierten sich vor allem in Ostmitteleuropa Arbeiterbewegungen, die auf einer langen demokratischen Tradition gründeten, so auch in der Tschechoslowakei. Die tschechoslowakische kommunistische Partei wurde zu dem Zeitpunkt zu einer etablierten Massenpartei mit einer großen Wählerunterstützung, da sie für die breiten Schichten der Arbeiterschaft annehmbar war. 1929 wurde die Partei bolschewisiert, dies hatte eine politische Abhängigkeit von der Sowjetunion zu Folge. Die anfängliche Wirkung der Bolschewisierung war ein enormer Verlust der Mitgliedschaft von der ursprünglich massiven Partei.[22] 1948 unterstützte die kommunistische Partei die tschechoslowakische Demokratie sowie die nationalen

---

[18] The Dualism of Czechoslovak Communism: From Gottwald to Novotny, in: Czechoslovakias Interrupted Revolution, Princeton 1976, S.37-38.

[19] The Dualism of Czechoslovak Communism: From Gottwald to Novotny, in: Czechoslovakias Interrupted Revolution, Princeton 1976, S.37-38.

[20] The Dualism of Czechoslovak Communism: From Gottwald to Novotny, in: Czechoslovakias Interrupted Revolution, Princeton 1976, S.21.

[21] The Dualism of Czechoslovak Communism: From Gottwald to Novotny, in: Czechoslovakias Interrupted Revolution, Princeton 1976, S.21-22.

[22] Stalinism and Czechoslovak Political Culture, in: Stalinism. Essays in Historical Interpretation, Toronto 1977, S. 262.

Interessen der Republik und sicherte sich somit eine hohe Anhängerschaft und blieb die stärkste Partei in den Wahlen.[23]

*Der Fall Gottwald:*

In den Jahren 1945-1948 wählte die kommunistische Partei unter Gottwald den gemäßigteren Kurs mehr in Übereinstimmung mit den vorherrschenden nationalen Traditionen des Landes, so arbeitete sie z.B. mit anderen Parteien.[24] Sie trat für ein Programm ein, das eine Mischung von Kontinuität und Revolution vertrat.[25] Das grundsätzliche Vorkriegssystem wurde in seinem breiten Umriss bewahrt, obwohl mit wichtigen Veränderungen, wie einer verbreiteten slowakischen Autonomie.[26] Nichtkommunistische Parteien wurden erlaubt und auch fand das politische Leben innerhalb eines allgemeinen Zusammenhangs der demokratischen Freiheit statt.[27] Die sogenannte „Völker-Demokratie" nahm wichtige demokratische Elemente auf, behielt wichtige Eigenschaften der vorkommunistischen tschechoslowakischen Politik.[28] In der Slowakei waren die Kommunisten weniger erfolgreich, der konservative Nationalismus war die dort vorherrschende Kraft, diese Verhältnisschwäche des Kommunismus, hatte zufolge, dass der Slowakei keine Autonomie zugesprochen wurde, aus Angst vor der Überlegenheit der Slowakei durch Konservative.[29] Die Kommunisten zerstörten die slowakische, demokratische Partei durch Druck und gezielte parlamentarische Manöver.[30] Im Februar 1948 folgte der Bruch des tschechischen Kommunismus mit den nationalen Traditionen und der Kontinuität der Vergangenheit.[31] Es folgte eine lange Phase der Zwangsherrschaft Gottwalds. Die „Völker-Demokratie" wurde durch das Konzept der leninischen Doktrin: „Diktatur des Proletariats" ersetzt, der „nationale Pfad" zum Sozialismus, für den Gottwald selbst mit Energie eingetreten war, wurde als Ketzerei behandelt.[32] Es wurde nach dem Slogan „Die Sowjetunion, unser Modell" in jedem Bereich, gehandelt, alle kennzeichnenden nationalen Muster wurden eliminiert.[33] Durch eine Kampagne gegen den bürgerlichen Nationalismus in der

[23] The Dualism of Czechoslovak Communism: From Gottwald to Novotny, in: Czechoslovakias Interrupted Revolution, Princeton 1976, S.21.
[24] The Dualism of Czechoslovak Communism: From Gottwald to Novotny, in: Czechoslovakias Interrupted Revolution, Princeton 1976, S.22.
[25] The Dualism of Czechoslovak Communism: From Gottwald to Novotny, in: Czechoslovakias Interrupted Revolution, Princeton 1976, S.22.
[26] The Dualism of Czechoslovak Communism: From Gottwald to Novotny, in: Czechoslovakias Interrupted Revolution, Princeton 1976, S.22-23.
[27] The Dualism of Czechoslovak Communism: From Gottwald to Novotny, in: Czechoslovakias Interrupted Revolution, Princeton 1976, S.23.
[28] The Dualism of Czechoslovak Communism: From Gottwald to Novotny, in: Czechoslovakias Interrupted Revolution, Princeton 1976, S.23.
[29] The Dualism of Czechoslovak Communism: From Gottwald to Novotny, in: Czechoslovakias Interrupted Revolution, Princeton 1976, S.24.
[30] The Dualism of Czechoslovak Communism: From Gottwald to Novotny, in: Czechoslovakias Interrupted Revolution, Princeton 1976, S.24.
[31] The Dualism of Czechoslovak Communism: From Gottwald to Novotny, in: Czechoslovakias Interrupted Revolution, Princeton 1976, S.25.
[32] The Dualism of Czechoslovak Communism: From Gottwald to Novotny, in: Czechoslovakias Interrupted Revolution, Princeton 1976, S.26.
[33] The Dualism of Czechoslovak Communism: From Gottwald to Novotny, in: Czechoslovakias Interrupted Revolution, Princeton 1976, S.26.

Slowakei, sollte auch dieser verdrängt werden.[34] Die Konstitution von 1948 lässt sich als ein sinnloses Dokument bezeichnen, auch wenn sie einige Zugeständnisse zur Kontinuität von tschechoslowakischen Traditionen propagierte, so diente sie im Grunde als eine Fassade für den Terror und die Ungerechtigkeit, sowie Unterwerfung der Kultur, Ausbildung, etc. Es fand eine Kollektivierung der Landwirtschaft, sowie eine Nationalisierung ganzer Industrie und Handels statt.[35] Diese harten Maßnahmen erzeugten Unverständnis unter vielen Sektoren der Bevölkerung und erweckten Zweifeln sogar in den kommunistischen Reihen.[36]

*Die Regierung Novotnys:*

Zunächst setzte Novotny auf einen „Neuen Kurs" zur Entspannung der wilden Kollektivierung und Industrialisierung.[37] Er setzte auf Versöhnung und Propaganda, um die Treue der Bevölkerung zu gewinnen.[38] 1954 folgten dann eine Kampagne für die Kollektivierung, sowie ein Angriff auf den sogenannten „bürgerlichen Nationalismus" in der Slowakei, die die Fortsetzung von Unzufriedenheit mit dem Prager Zentralismus unter slowakischen Kommunisten andeutete.[39] Bereits 1955 folgte ein harter Kurs, der mit der Enthüllung einer riesigen Bildsäule von Stalin in Prag symbolisiert wurde.[40] 1956 folgte eine erneute Kritik gegen den bürgerlichen Nationalismus.[41] Um die Unruhen der Jugend und Studenten zu mildern, wurde der Slowakei eine breite Autonomie versprochen.[42]

## Das tschechisch-slowakische Verhältnis als Auslöser des Prager Frühlings?

Der gemeinsame tschechoslowakische Staat zerfiel 1938/1939, aufgrund slowakischer Unzufriedenheit. Die Slowaken wünschten sich eine breite Autonomie sowie eine Selbstverwaltung. Dieser Wunsch wurde jedoch seitens der Regierung während der ersten Republik abgelehnt, was dann eine Trennung der beiden Nationen zufolge hatte. Nach Kriegsende 1945 wurde die Tschechoslowakische Republik in den Grenzen aus

---

[34] The Dualism of Czechoslovak Communism: From Gottwald to Novotny, in: Czechoslovakias Interrupted Revolution, Princeton 1976, S.26.
[35] The Dualism of Czechoslovak Communism: From Gottwald to Novotny, in: Czechoslovakias Interrupted Revolution, Princeton 1976, S.27-28.
[36] The Dualism of Czechoslovak Communism: From Gottwald to Novotny, in: Czechoslovakias Interrupted Revolution, Princeton 1976, S.28.
[37] The Dualism of Czechoslovak Communism: From Gottwald to Novotny, in: Czechoslovakias Interrupted Revolution, Princeton 1976, S.30.
[38] The Dualism of Czechoslovak Communism: From Gottwald to Novotny, in: Czechoslovakias Interrupted Revolution, Princeton 1976, S.30.
[39] The Dualism of Czechoslovak Communism: From Gottwald to Novotny, in: Czechoslovakias Interrupted Revolution, Princeton 1976, S.31-32.
[40] The Dualism of Czechoslovak Communism: From Gottwald to Novotny, in: Czechoslovakias Interrupted Revolution, Princeton 1976, S.32.
[41] The Dualism of Czechoslovak Communism: From Gottwald to Novotny, in: Czechoslovakias Interrupted Revolution, Princeton 1976, S.32-33.
[42] The Dualism of Czechoslovak Communism: From Gottwald to Novotny, in: Czechoslovakias Interrupted Revolution, Princeton 1976, S.32-33.

der Zeit vor dem Münchner Abkommen wiederhergestellt. Der 1948 kommunistisch gewordene Staat musste sich der stalinistischen Politik der Sowjetunion anfügen. Beneš trat zurück, weil er die neue Verfassung von Mai 1948 nicht unterschreiben wollte. Der moskautreue Klement Gottwald wurde Präsident. In der Slowakei waren die Kommunisten weniger erfolgreich, die vorherrschende Kraft dort war der konservative Nationalismus, so dass der Slowakei keine Autonomie zugesprochen wurde.[43] 1948 gab es dann eine fortlaufende Kampagne gegen den bürgerlichen Nationalismus in der Slowakei.[44] 1956 wurde unter Novotny der Slowakei eine breite Autonomie versprochen, allerdings nur um die damals herrschenden Unruhen zu beschwichtigen. Auf diese Weise wurde der geringe Fortschritt zu slowakischen Autonomie zunichte gemacht und die Slowakei wurde der Prager Regierung untergeordnet. In der Folgezeit erfuhr die Slowakei durch die Integration in die kommunistisch regierte Tschechoslowakei zwar einen großen Modernisierungsschub, bezahlte diesen jedoch mit dem Fehlen politischer Partizipation.

## Fazit

Wie war es möglich, dass die Tschechen und die Slowaken, die an Freiheit gewöhnt waren und eine reiche demokratische Erfahrung während der ersten Republik hatten, sich dem Stalinismus mit fast blinder Gehorsamkeit zuwandten?

Die Tschechoslowakei ist ein Land der Extreme und von vielen Pendelschlägen gekennzeichnet. In der Zwischenkriegszeit gab es in der Tschechoslowakei eine parlamentarische Demokratie, während sich nach dem Krieg eine Koalitionsregierung mit der UdSSR bildete. Der tschechische Kommunismus wurde von der Außenseite importiert und dauerte bis in die 60er Jahre hinein, trotz hoffnungsloser Reformversuche.[45] Die einheimische Kultur erwies sich als elastisch und ermöglichte somit eine Fusion des Neuen und des Traditionellen.[46] Der Kommunismus konnte sich mit den breiten Schichten der öffentlichen Meinung identifizieren und sicherte sich somit ihre Unterstützung. Ebenfalls hatte die Vollständigkeit des stalinistischen Terrors eine Situation der Angst geschaffen. Nicht zuletzt war das Muster der Untätigkeit häufig durch Sehnsüchte für das nationale Überleben, einschließlich der Wiederherstellung von traditionellen Werten, motiviert.[47] Im Übrigen gab es in der Parteiführungsspitze vorwiegend Dogmatiker und keine Revolutionsführer, die Alternative kam erst Mitte der 60er Jahre mit Dubcek. Im Jahr 1960 nahm die Tschechoslowakei die sozialistische

---

[43] The Dualism of Czechoslovak Communism: From Gottwald to Novotny, in: Czechoslovakias Interrupted Revolution, Princeton 1976, S.24.

[44] The Dualism of Czechoslovak Communism: From Gottwald to Novotny, in: Czechoslovakias Interrupted Revolution, Princeton 1976, S.26.

[45] Stalinism and Czechoslovak Political Culture, in: Stalinism. Essays in Historical Interpretation, Toronto 1977, S.258.

[46] Stalinism and Czechoslovak Political Culture, in: Stalinism. Essays in Historical Interpretation, Toronto 1977, S.259.

[47] Stalinism and Czechoslovak Political Culture, in: Stalinism. Essays in Historical Interpretation, Toronto 1977, S.259.

Verfassung an. In dieser neuen Verfassung kam es zu einer wesentlichen Einengung der Kompetenzen der slowakischen nationalen Organe, die Vollmachten des slowakischen Nationalrates wurden an die Ministerien in Prag übertragen. Das starke Gefühl der nationalen Identität in dem slowakischen Teil der Bevölkerung sowie ein Wunsch nach einer nationalen Unabhängigkeit waren ein entscheidender Faktor für den Beginn des Prager Frühlings.

## Literaturverzeichnis

• Stalin over Prague, in: Communism National and International, Toronto 1964.

• Stalinism and Czechoslovak Political Culture, in: Stalinism. Essays in Historical Interpretation, Toronto 1977.

• The Dualism of Czechoslovak Communism: From Gottwald to Novotny, in: Czechoslovakias Interrupted Revolution, Princeton 1976.